Werner Egk

Peer Gynt

Oper in drei Akten
in freier Neugestaltung nach Ibsen
von Werner Egk

Textbuch

SCHOTT

Mainz · London · Berlin · Madrid · New York · Paris · Prague · Tokyo · Toronto

Mit Genehmigung der Erben Ibsens

Printed in Germany · BSS 35 550

ISBN 978-3-7957-3192-2

Heinz Tietjen gewidmet

PERSONEN:

Peer Gynt	Bariton
Solveig	Sopran
Aase	Alt
Ingrid	Sopran
Mads	Tenor
Der Alte	Tenor
Die Rothaarige	Sopran
Drei Kaufleute	Tenor
	Bariton
	Baß
Der Präsident	Baß
Drei schwarze Vögel	Soprane
Ein Unbekannter	Baß

Der Haegstadbauer / Der Schmied / Der Vogt und seine Frau / Ein alter Mann / Ein Hoftroll / Sechs Würdenträger am Trollhof / Ein ganz kleiner Troll / Ein Kellner / Ein häßlicher Junge

Solo-Tänzer: Solveigs Eltern / Klein Helga / Eine Kuh / Ein Ziegenbock / Ein Matrose / Ein Neger / Arlecchino / Pagliaccio / Gracioso / Hanswurst / Clown

Hochzeitsgäste / Trolle / Schiffsbesatzung / Matrosen / Neger / Dirnen / Tänzerinnen

---

Zeit: Etwa Mitte des neunzehnten Jahrhunderts

VORSPIEL

Eine kahle Anhöhe

Hinten, durch ein Gatter getrennt, führt ein Weg vorbei; über den Himmel zieht eine riesige schwarze Wolke, welche phantastische Formen annimmt.

Peer Gynt / Der Vogt und seine Frau / Der Schmied

Peer steht auf der Anhöhe, in Betrachtung der Wolke versunken. Seine Kleidung ist nachlässig und abgerissen.

Peer: Sieht aus da oben wie ein schwarzes Schiff,
Wie ein Gespenst, ein Haus, ein Turm, ein Tier!
Fast wie ein Drache, der in schwerem Flug
Ganz langsam durch den blanken Himmel zieht.
Nimm mich doch mit und laß mich hier nicht stehn!
Das wär ein Spaß, bei Gott, nähmst du mich mit!
Das ganze Kirchspiel sollt vor Neid vergehn
Nebst Schultheiß, Vogt, dem Pastor und dem Schmied!

Der Vogt und seine Frau gehen auf dem Weg hinter dem Gatter festlich gekleidet und mit Hochzeitsgaben vorüber.

Der Vogt: Sieh da, Peer Gynt!

Seine Frau: Laß ihn!

Der Vogt: Was treibt denn der?

Seine Frau: Betrunken wird er sein, wie schon so oft!

Der Vogt: im Abgehen
Sein Feld und Hof verkommt —

Seine Frau: der Taugenichts!

Peer: Das galt wohl mir?

Der Schmied geht auf dem gleichen Weg wie vorher der Vogt vorüber

Schmied: Ah, sieh mal einer an,
Du hier! Komm mit! Ingrid, dein Schatz,
Macht heute Hochzeit mit dem Dummkopf Mads!

Peer: Mir einerlei!

Schmied: So komm doch mit!

Peer: Vielleicht,

Vielleicht auch nicht!

Schmied: Schon fast von draußen Du wärst's imstand!

Peer: Ich tu,

Was ich will, einerlei, stört's eure Ruh!

Peer versinkt wieder in seine Gedanken.

Verwandlung

ERSTER AKT

Erstes Bild

Hofplatz auf Haegstad

Viele Gäste; Speisen werden hin und her getragen, Getränke werden ausgeschenkt, es wird getanzt. Hier und dort haben sich Gruppen gebildet, die sich angeregt unterhalten.

Der Haegstadbauer / Mads / Der Vogt und seine Frau / Der Schmied / Burschen / Mädels / Gäste / Peer Gynt / Solveig mit ihren Eltern und ihrer kleinen Schwester Helga / Aase

Mads: Sie will nicht, Vater!

Haegstadbauer: Was denn will sie nicht?

Mads: Sie hat sich eingesperrt!

Haegstadbauer: So sperr doch auf!

Mads: Wenn ich nur wüßte, wo der Schlüssel ist! ab

Der Schmied, der als erster Peers Kommen von weitem bemerkt hat, drängt sich in den Vordergrund

Schmied: Peer Gynt ist da!

Haegstadbauer: Was, der? Ich lud ihn nicht!

Peer: kommt rasch herein und geht auf einen Schwarm Mädels zu.
Wer ist beim Tanz die flinkste unter euch?

Ein Mädel: Nicht ich!

Peer: Dann du?

Ein anderes: Ich muß nach Haus!

Peer: Und du?

Ein drittes: Nicht um die Welt!

Peer: Was habt ihr gegen mich?
Ihr wollt mich wohl zum Narren machen, was?

Ein alter Mann:

Sieh da, Peer Gynt, die Kleine tanzt mit mir!

Allgemeiner Tanz, große Bewegung.

Peer: Verdammtes Pack, Gelichter und Geschmeiß!

Er wendet sich ab und kommt so zu stehen, daß sein Blick auf die eben auftretende Solveig fällt. Solveig ist von ihren Eltern und von Klein-Helga begleitet. In der Hand trägt sie in einem blumengeschmückten Korb Brot und Wein. Während der ersten Strophe ihres Liedes steht Peer wie gebannt in ihren Anblick versunken. Die Eltern Solveigs umgibt eine Atmosphäre von Stille, Frömmigkeit und Güte. Der Auftritt der kleinen Gruppe wirkt fremdartig und bewegend.

Solveig: Brecht ihr zusammen dieses Brot,
So müßt ihr eins sein bis zum Tod.
Trinkt ihr aus einem Glas den Wein,
So müßt ihr immer glücklich sein.

Peer: geht ihr in bescheidener Haltung entgegen

Tanz du mit mir!

Solveig: Nicht jetzt!

Peer: Warum denn nicht?

Solveig: Doch später gern!

Haegstadbauer: Die sind vor kurzem erst
Vom Westen zugewandert.

Die Frau des Vogts: Richtig, ja!

Solveig: Bewahrt für später auch ein Stück
Und einen Schluck, es bringt euch Glück
Und hält euch fern die böse Zeit
Und schlechte Ernten, Zank und Streit.

Peer: für sich, während die kleine Gruppe die Brauteltern begrüßt und während Solveig ihnen die Geschenke überreicht

Wie rein scheint ihrer Augen helles Licht,
Wie golden glänzt ihr Haar! Ihr Angesicht,
Das niegesehene, wie ist's mir vertraut,
Als hätt ich lang zuvor ihr Bild geschaut.
Wie schön war ihrer Stimme zarter Klang
Und niemals schien mir schöner ein Gesang

Als der! Sie anzusehn und ihrem Lied
Ganz still zu lauschen, nimmer würd ich's müd!

Peer will zu Solveig, der Schmied vertritt ihm den Weg.

Schmied: Willst du schon fortgehn?

Peer: Nein!

Schmied: So bleib doch hier!

Peer: Laß mich in Ruh!

Solveig: kommt von den Brauteltern zurück
Warst du's nicht, der vorher
Mich bat um einen Tanz?

Peer: Ich war's, jawohl.

Solveig: Doch nicht zu lange, sagt die Mutter!

Peer: Wie,
Bist doch kein Kind mehr! Sag, wie heißt du denn?

Solveig: Solveig und du?

Peer: Peer Gynt.

Solveig: O Heiland! Geht weg

Unter Anführung des Schmieds sammeln sich Burschen und Mädels um Peer

Schmied: Trink!
Nur einen Tropfen!

Peer: Nein!

Schmied: Nur einen Schluck!

Peer: Ich will nicht!

Schmied: Der verträgt nichts mehr!

Peer: Gib her!

Peer trinkt die Flasche leer und wirft sie weg.

Schmied: Wie war das doch mit deinem Wagen, Peer?

Peer: Mit welchem Wagen?

Ein Mädel: Kommt, wir gehn!

Ein anderes: Bleibt da.
Jetzt wird's erst schön!

Schmied: Mit dem, der ohne Pferd
Und ohne Lenker fährt!

Peer: Ihr glaubt's wohl nicht?

sich unter dem Gelächter der anderen nach und nach immer mehr steigernd

Ihr werdet's noch erleben, daß ich selbst
Mit einem Wagen, schneller als der Wind,
Doch ohne Deichsel, Lenker, Bock und Roß
Gefahren komme über Land und Berg.
Und wenn ich will, so steig ich in die Luft
Mühloser doch, als du auf einen Baum!
Ein Drache, der Dampf, Rauch und Feuer speit,
Gehorcht mir rascher selbst als dir — dein Mann.
Mit krummem Rücken steht ihr dann vor mir,
Grüßt mit gebeugtem Knie, erhobner Hand,
Und gnädig streu Dukaten ich auf euch!
Und schreien werdet laut ihr: Heil, Peer Gynt!
Doch während ihr noch gafft, bin ich schon weit,
Der Sturm erreicht mich nicht, bleibt hinter mir.
So schnell wie kein Gedanke, wie kein Blitz,
Entschwind ich dann von hier nach Engelland!
Kühn niederstoßend aus der Luft
Seh Mann an Mann ich, Kopf an Kopf gedrängt.
Der König selbst erwartet mich am Strand
Und Englands Prinzen, viel gemeines Volk!
Das tritt sich auf die Zeh'n,
Das rennt, um mich zu seh'n,
Das gafft sich dumm und blind,
Und ruft laut übers Feld:
Es lebe der Kaiser der Welt,
Es lebe Peer Gynt!

Die Stimmung der Umstehenden ist in Unwillen und Wut umgeschlagen

Alle: Der Narr!
Der Lügner!

Schmied: Schlagt ihn nieder!

Peer: Du?

Schmied: Fahr doch zum Teufel!

Peer: Was?

Vogt: So laß ihn doch.

Betrunken ist er.

Schmied: 's gibt ein Unglück!

Vogt: Geh!

Schmied: Den hau ich noch mal windelweich.

Vogt: Nicht jetzt!

Schmied: Verlaß dich drauf!

Die Gruppe zerstreut sich. Mads macht sich an Peer heran.

Mads: Du, Peer, ist's wirklich wahr,

Du reitest durch die Luft?

Peer: Trab und Galopp.

Mads: Kannst durch die Wände gehn?

Peer: Ja, Mads, auch das!

Mads: Und machst dich unsichtbar, wenn du nur willst?

Peer: Natürlich, Mads!

Mads: Ich schenk dir gern ein Kalb . .

Peer: sieht Solveig über den Hof gehen, springt erhitzt auf sie zu und faßt sie heftig am Handgelenk

Komm, tanz mit mir!

Solveig: Ich darf doch nicht!

Peer: Warum?

Solveig: Du hast getrunken, Peer!

Mads: ist hinter Peer hergelaufen und erwischt ihn am Rock

Ich schenk dir gern

Das Kalb, wenn du mir hilfst!

Peer: So hilf dir selbst!

Mads: Bring mich zu Ingrid!

Peer: Wie, zu Ingrid?

Mads: Ja!

Peer: Wieso denn das?

Mads: Sie hat sich eingesperrt!

Peer: Wo denn?

Mads: In ihrer Kammer.

Solveig geht mit Klein-Helga vorbei.

Peer: Solveig, komm
Und tanz mit mir!

Solveig: Ach, Peer, ich kann doch nicht!

Peer: in großer Spannung
Sag jetzt nicht nein!

Solveig: Du hast getrunken, Peer!

Peer: Doch nur aus Trotz! Komm mit mir, Solveig!

Solveig: Nein!

Peer: außer sich So komme ich zu dir in einer Nacht,
In der die Hölle euer Haus umheult,
In der du blind vom Blitz, vom Donner taub,
Vermischest Angst und Schlaf und Traum und [Schreck!
Als Werwolf trinke ich dein warmes Blut
Und würge dich am Hals, dein Schrei erstickt!

Peer kommt plötzlich zu sich.

Solveig, verzeih!

Solveig: sanft und traurig Das war recht häßlich, Peer!

Solveig geht mit Klein-Helga zu ihren Eltern. Die Pause wird so lange gehalten, bis Solveig mit Klein-Helga und ihren Eltern langsam vom Hof gegangen ist.

Peer: wendet sich mit plötzlichem Entschluß an Mads, wild
Wo ist sie, sagst du?

Mads: In der Kammer!

Peer: Komm!

Beide rasch ab.
Eine Gruppe von angetrunkenen Burschen schiebt sich in den Vordergrund.

Schmied: Der Kerl, der braucht die Faust! Wo ist er nur?

Ein alter Mann:
Gib's ihm nur richtig!

Ein Bursche: Nicht nur so zum Spaß!
Spei ihm nur ins Gesicht!

Ein anderer: Und gibt ihm dann
Von Herzen einen Tritt!

Aase: kommt aufgeregt auf den Hof Wo ist mein Sohn?

Schmied: Der hat zu seinem Glück sich wohl versteckt!

Aase: Ich sag's euch, wer ihn anrührt, ist mein Feind,
Ich schlag ihm meine Nägel ins Gesicht!
Zurück, ihr Flegel! Peer, wo bist du denn?

Ein Gewitter steht drohend über dem Hof. Es wird immer dunkler.

Mads: stürzt verwirrt aus dem Haus

Kommt, Vater, Mutter, kommt!

Haegstadbauer: Was ist denn los?

Mads: Peer Gynt ist fort!

Aase: Was habt ihr ihm getan?

Mads: Mit Ingrid ist er fort!

Aase: Der Teufelskerl!

Weiber: So seht nur, dort!

Männer: Er trägt sie wie ein Kalb!

Weiber: Glück auf die Reis'!

Schmied und alter Mann: Ihm nach!

Weiber: Holt ihn vom Fels!

Haegstadb.: Nehmt Fackeln, Stöcke!

Schmied und alter Mann: Schlagt den Burschen tot!

Haegstadb.: Dem Räuber bietet, wer ein Mann ist, Trutz!

Blitz und Donner. Alle laufen durcheinander, bewaffnen sich mit Stöcken, zünden Fackeln an und rennen hinaus. Aase bleibt allein zurück.

Aase: Der du so oft ihm halfst, hilf du ihm, Gott!
Und nimm ihn du in deinen starken Schutz!

Vorhang

Zweites Bild

Geröllhalde im Hochgebirge

Im Hintergrund eine gewaltige und düstere Bergwand, welche nichts vom freien Himmel sehen läßt. Über dem Ganzen liegt die flimmernde Hitze eines Hochsommertages. Der Vorhang öffnet sich langsam, ehe die Musik eingesetzt hat Der Alte und seine Tochter werden erst nach einer kurzen Pause im Mittelgrund der Bühne auf der Halde plötzlich sichtbar. Der Alte sieht wie ein verkommener Landstreicher aus. Seine Tochter ist ein schludrig und schlampig angezogenes Weib mit einer abstoßend häßlichen Maske vor dem Gesicht.

Der Alte, König der Trolle / Die Rothaarige, seine Tochter / später: Peer / Ingrid / dann: Aase / Solveig

Der Alte und die Rothaarige:

Wenn das Gras in Saft und Blüte steht,
Sieht es aus, als würd' es nie gemäht.
Ach, wie bald ist doch dahingemäht
Alles, was in Saft und Blüte steht!

Ja, was heiß ist, das wird kalt,
Und was jung ist, das wird alt,
Und das Zarte, das wird derb,
Und das Süße, das wird herb,
Und der Ernst, der wird zum Scherz,
Und die Freude wird zum Schmerz,
Und was trocken ist, wird naß,
Und die Liebe wird zum Haß.

Nur der Dummkopf sucht den höhern Sinn,
Staub und Asche wird ihm, kein Gewinn.
Suche stets nur Lust, Genuß, Gewinn,
Dann enthüllt sich dir der tiefre Sinn!

Rothaarige: Ich will ihn zum Mann!

Der Alte: Du sollst ihn auch haben!

Rothaarige: So sehr sie ihn jagen mit Stöcken und Stangen —

Der Alte: Die kriegen ihn nicht!

Rothaarige Doch ich werd ihn —

Der Alte: Sei still jetzt!

Rothaarige: — fangen!

Aase und Solveig gehen vorn über die Bühne. Der Alte und seine Tochter werden plötzlich unsichtbar.

Aase: Er war ein schönes Kind, und wenn er schlief,
Dann saß ich oft bei ihm und sah ihn an
Und küßte ihm verstohlen Stirn und Mund
Und fühlte glücklich, wie sein Atem ging.
Erwachend aus dem Schlummer gab er mir
Von unerhörten Dingen oft Bericht,
Die er geträumt, so deutlich, daß selbst mir
Vermengte sich die Wahrheit mit dem Traum.

Solveig: Doch alle Träume sind jetzt ausgeträumt,
Sie jagen ihn, so wie ein wildes Tier.

Aase und Solveig:
Ach, wüßt ich nur für unser Suchen Rat,
Ich würd' ihm gern verzeihn, was er auch tat.

Der Alte und die Rothaarige sichtbar.

Rothaarige: Erschreck sie, treib sie fort!

Der Alte: Sei still, im Augenblick!

Beide werden wieder unsichtbar.

Aase und Solveig:
Peer!

Die Gegend verdüstert sich, Echo.

Solveig: 's ist ein schlimmer Ort!

Aase: Er ist nicht hier!

Solveig: Fast bin ich froh.

Aase: Wir wollen weitergehn!

Solveig: Erzähl mir mehr von ihm!

Aase: Wirst du's nicht müd?

Solveig: Ach nein, dein Wort war wie ein süßes Lied.

Aase und Solveig ab.
Peer und Ingrid treten auf. Ingrid klammert sich an Peer, der sie roh zurückstößt.

Peer: So geh doch endlich, geh, wohin du willst!

Ingrid: Nach allem, was da war?

Peer: Mich kümmert's nicht!

Ingrid: Wie hart du bist!

Peer: Hör auf zu schmähn und geh!

Ingrid: Und unsre Schuld?

Peer: Bereu und geh nach Haus!

Ingrid: Du sprichst im Zorn, du weißt nicht, was du sagst!

Peer: Ich hab dich satt, dich und die andern auch!
Nur eine nicht!

Ingrid: Wer ist's?

Peer: Du nicht!

Ingrid. Ach, Peer!

Peer: Muß vor dir das Böse fliehn?
Wird der rein, der dich erblickt?
Führst du mich zum Guten hin?
Bist du mir von Gott geschickt?

Ingrid: Nein, aber ...

Peer: Also geh!

Ingrid: Wer hat mich verlockt?

Peer: Und wer war willig?

Ingrid: Ich war ratlos.

Peer: Ich war toll!

Ingrid: Bleibst du unbewegt?

Peer: Wie Stein!

Ingrid: Gut, das sollst du noch bereun! rasch ab

Der Alte und seine Tochter werden sichtbar. Peer bleibt in düstern Gedanken im Vordergrund stehen.

Der Alte und die Rothaarige:

Ja, was heiß ist, das wird kalt,
Und was jung ist, das wird alt,
Und das Zarte, das wird derb,
Und das Süße, das wird herb,

Und der Ernst, der wird zum Scherz,
Und die Freude wird zum Schmerz,
Und was trocken ist, wird naß,
Und die Liebe wird zum Haß!

Der Alte und seine Tochter werden wieder unsichtbar.

Peer: Hol der Teufel alle Weiber!

Ingrid: von fern Außer einer!

Peer: Einer, Ja!

Inzwischen ist die Rothaarige, von Peer unbemerkt, auf ihn zugekommen.

Rothaarige: Na, Peer, allein lebt sich's doch schlecht!
Ich hoff, ich komm dir grade recht!

Peer: Zum Teufel, hast du mich erschreckt,
Aus meinen Träumen mich geweckt.

Rothaarige: Du weißt nicht recht, ich muß gestehn,
Mit schönen Damen umzugehn.

Peer: Fürwahr, so was wie dein Gesicht,
Sah ich bis jetzt im Leben nicht!

Rothaarige: Bin auch des Dovrekönigs Kind!

Peer: Schau, schau, was wir für Leute sind!

Rothaarige: Meine Mutter war schön und ich bin's noch mehr.
Drum sind sie auch alle so hinter mir her!

Peer: Kennst du meine Mutter Aase?

Rothaarige: Kennst du meinen Vater Brose?
Der macht, wenn er Lust hat, aus Steinen Gold!

Peer: Meine Mutter könnt fliegen, wenn sie wollt!

Rothaarige: Warum hast du so armsel'ge Lappen am Leib?

Peer: So verkleid' ich mich manchmal zum Zeitvertreib.

Rothaarige: Aber ich trag immer nur seidene Kleider.

Peer: Sieht zwar aus wie Gras, Werg und so weiter . . .

Rothaarige: Ja, ja, da paß auf, das sieht nur so aus,
Gold scheint auch wie Dreck bei uns zu Haus!

Peer: Genau wie bei uns, 's ist wunderbar!
Schwarz ist weiß und trüb ist klar —

Beide: Und alt ist neu und schmutzig ist rein
Und kalt ist heiß und grob ist fein!

Rothaarige: Komm mit mir, Peer, wir sind ein Paar,
Wir gehören zusammen, auch ohne Altar.

Peer: Halt, halt, nicht so rasch, Figur und Gesicht
Das paßt mir bei dir so ganz noch nicht!

Rothaarige: Komm näher, ja so, ganz nah, ganz dicht,
Dann siehst du mich gleich im richtigen Licht.

Die Szene verdunkelt sich, es wird wieder hell. Die Rothaarige hat Maske und Kleider abgeworfen und steht, aufreizend schön und mit Flitter gewandet, vor Peer, welcher vor ihr kniet und sie umfaßt. Durch die Luft saust ein rosa Karussellschwein, am Bauch mit Spiegeln geschmückt und mit glitzerndem Sattel und Zaumzeug angetan und läßt sich vor dem Paar nieder. Die Rothaarige steigt in den Sattel und zieht Peer triumphierend zu sich auf den Rücken des Tieres. Es versinkt mit seiner Last langsam in den Boden.

Verwandlung

Während der Verwandlungsmusik toben in ununterbrochener Folge Gestalten und Typen aus dem Trollreich vor einem neutralen Zwischenvorhang über die Bühne. Dieser wirbelnde Tanz symbolisiert die Freude des Trollreiches über den Fall Peers.

Drittes Bild

Ein Saal im Berg des Alten

Der Saal stellt kein Felsgewölbe dar, sondern einen primitiven Raum, welcher mit rohgeschnitzten und buntbemalten Balken abgestützt ist. Die ganze Breite des Hintergrundes nimmt eine rohgezimmerte schmucklose Tafel ein, an welcher der Alte, etwas erhöht, in der Mitte thront, während rechts und links von ihm die Würdenträger des Trollhofes sitzen. Vor jedem steht eine groteske Tierkopfmaske. Viele alte, jüngere und ganz kleine Trolle befinden sich in undisziplinierten Haufen ebenfalls im Raum. Die Trolle dürfen keinesfalls als Fabelwesen wirken, trotzdem sie alle mit einem beliebigen Tierschwanz geschmückt sind, sondern als die erschreckende Verkörperung menschlicher Minderwertigkeit. Man muß sich in eine Versammlung von Strebern, Pedanten, Beschränkten, Rohlingen, Sadisten und Gangsters aller Schattierungen versetzt glauben. Sie tragen heruntergekommene menschliche Gewänder, zum Teil Bestandteile bürgerlicher Kleidung, zum Teil veraltete abgelegte Amtstrachten oder Uniformstücke. Während der ganzen Szene herrscht dauernd Unruhe, viele hören nicht auf ungebührlichen Unfug zu machen.

Peer Gynt / Der Alte / Seine Tochter / Ein Hoftroll / Einige Würdenträger / Viele alte und junge Trolle / Trollkinder / Ein ganz kleines Trollkind / Eine Kuh (Zwei Ballerinen) / Ein Ziegenbock (Clown)

Alle starren gespannt zur Decke. Das Schwein mit der Rothaarigen und Peer kommt langsam durch die Decke und sinkt zu Boden. Es rennt, nachdem das Paar abgestiegen ist, von einem Haufen schreiender kleiner Trolle begleitet, hinaus.

Der Alte: Du also willst meine Tochter haben?

DerHoftroll: Vielleicht auch einige Hochzeitsgaben?

Peer: Deine Tochter, die hab' ich schon genommen,
Jetzt will ich dein Reich noch dazu bekommen.

Großer Lärm.

Der Alte: Ruhe, sag ich, ich bin ein alter Mann,
Der nicht mehr lang regieren kann.
Der aber ist jung und stark gebaut,
Dem gönn ich mein Reich und auch die Braut.

Lärm und Gelächter.

Ruhe, sag ich, was ist denn das für ein Tanz?

Ein ganz Kleiner:
Er hat —

Der Alte: Was denn?

Der ganz Kleine: Er hat keinen Schwanz!

Tumult, Gelächter.

Der Alte: Und da schämst du dich nicht mal, junger Mann!

Rothaarige: Da nimm, zieh Vaters Sonntagsschwanz an!

Peer: Muß das denn sein?

Rothaarige: Es muß, mein Herz!

DerHoftroll: So was freit bei uns mit nackigtem Sterz!

Der Alte: Wie steht's denn mit deiner Religion?

Peer: Wieso? Nun ja, getauft bin ich schon!

Gelächter.

Der Alte: Das ist nicht so wichtig hier zu Land,
Hier wird nur ein Grundsatz anerkannt.

Peer: Wie heißt er denn?

Der Alte: Du mußt ihn beschwören,
Unsere Kleinsten können dich da belehren.

Eine Reihe der Kleinsten heben die Finger wie eifrige Schüler

Die Kleinsten: fast geschrieen, frei im Rhythmus
Ich schwöre, daß ich nie etwas anderes tun will,
als das, was mir grade paßt!

Peer: Wie war das, hab's noch nicht kapiert!

Ein ganz Kleiner:
Ich schwöre, daß ich nie etwas anderes tun will,
als das, was mir grade paßt!

Peer: Ja, so hab' ich mich immer schon aufgeführt.
Ich bin euer Mann!

Der Alte: Dann sprich wie wir!

Peer: Ich schwöre, daß ich nie etwas anderes tun will,
als das, was mir grade paßt!

Großes Beifallsgeschrei, alle erheben sich. Während des Absingens der Trollhymne wird Peer in feierlicher Form mit Eselsohren und Orden dekoriert.

Alle: Tu nur, was dich erfreut,
Jetzo und alle Zeit,
Was es auch sei.
So will's bei uns der Brauch,
Ärgert's die andern auch,
Wir leben frei!

Während des Nachspiels wird Peer in groteskem Zug an einen Ehrenplatz geleitet. Einer hält Peer einen Spiegelscherben vor.

Peer: Für ein Königreich duld ich noch schlimm're Sachen!

Der Alte: 's ist nur noch die Augenprobe zu machen.

Auf ein Zeichen des Alten: Tusch; es treten auf die Kuh Kitty und der Ziegenbock Kid. Kid, ein als Ziegenbock maskierter Clown, führt unter allerhand Clownspäßen Kitty in allen Gangarten der hohen Schule vor. Die beiden Ballerinen tragen weiße Trikots und Ballettschuhe. Kid reitet, unter frenetischem Beifall, stehend auf Kitty ab.

Der Alte: Sprich, Peer, mein Sohn, was hast du erblickt?

Peer: Euch haben die beiden zwar sehr entzückt,
Sah die Kuh und den Bock auch von vorn und
[von hinten.

Doch konnt ich nichts Schönes dabei finden.
Wüstes Geschrei.

DerHoftroll: **Kitty ist Künstlerin, eine Kuh war sie nie,**
Und Kid ist kein Ziegenbock, Kid ist ein Genie!

Der Alte: geht auf Peer zu
Jetzt bringt meine Messer,
Dann sieht er gleich besser.
Dem Alten werden ein riesiges Rasiermesser, eine große Schere und ein dreckiger Kübel gebracht.
Ein Auge wird dir ausgedrückt . . .
Peer weicht entsetzt zurück.

Peer: **Zum Teufel, seid ihr denn verrückt?**

Der Alte: **Und eines müssen wir dir ritzen.**

Peer: **Ich hab genug von euren Witzen!**

Der Alte: **Dann erst hast du das rechte Visier,**
Siehst immer alles genau so wie wir.

Peer: **Für immer mein menschlich Gesicht verlieren,**
Mit schiefen Lichtern bei euch vertieren,
Laßt mich los, das kann ich, das will ich nicht,
Auf Braut und Reich leist ich Verzicht!
Die Rothaarige hat sich wieder in ihre häßliche Gestalt zurückverwandelt

Rothaarige: **Hör ich recht, der Kerl will mich verlassen?**
Mit mir ist nicht so leicht zu spaßen!

Der Alte: **Schlagt ihn am Berg zu Brei und Dreck,**
Doch räumt das Aas dann sauber weg!

Die Würdenträger:
Wir haben genug, ihr müßt ihn bestrafen.
Requiescat in pace, wir gehn jetzt schlafen.
Die Würdenträger setzen ihre Tierköpfe auf und gehn. Ebenfalls ab der Alte und die Rothaarige, zurück bleibt jedoch der Hoftroll und die Horde der Trolle, die über Peer herfällt.

Alle: **Verletzt ihn!**
Zerfetzt ihn!
Beißt ihn!
Zerreißt ihn!

Packt ihn!
Zerhackt ihn!
Zwickt ihn!
Zerstückt ihn!

Der Hoftroll: Auf die Augen ihm jetzt, auf daß er verderbe!

Alle: Bald ist's mit ihm aus!

Peer: in höchster Not Hilf, Solveig, ich sterbe!

Glocken hinter der Szene; wild schreiend stürzen die Trolle auseinander Es wird dunkel.

Vorhang

Viertes Bild

Waldlichtung im Hochgebirge mit einer neugebauten Blockhütte. Hochsommer.

Peer / Solveig / Die Rothaarige / Ein häßlicher Junge

Peer: Die Arbeit war ganz nach meinem Geschmack
Dies Umhaun und Fällen Tag für Tag.
Man muß es den Burschen schließlich nur zeigen
Dann müssen sich auch die Trotzigsten beugen

Peer nimmt ein hölzernes Schloß.

Dies Schloß muß noch sein, es sperrt aus dem Haus
Gesindel, Spuk, Alb und Troll mir hinaus.

Solveig kommt mit einem Bündel in der Hand.

Solveig: Gott segne dein Werk, Gott segne dich, Peer!
Du hast mich gerufen, so kam ich denn her.

Peer: Solveig, ist's wahr?

Solveig: Ich hatt' keine Ruh
Bei Tag nicht, bei Nacht!

Peer: Bist du's wirklich, du?

Solveig: Du sandtest mir Botschaft durch Helga, das Kind.
Und Botschaft brachte mir auch der Wind,
Und die Wolken, die Sterne und jeder Traum.
Und der Wellen Geriesel, der Blätter Geraun.
Und wußt ich auch nicht, ob du gut mir bist,
So wußt ich doch, daß ich kommen müßt.

Peer: Und dein Vater?

Solveig: Der Abschied war schwer
Vom Vater, von Klein-Helga noch mehr.
Am schwersten aber von der, die mich trug.
Ach, Peer, ich glaube, ich rede nicht klug!
Am schwersten ist's mir schon gefallen,
So fortzugehn von allen, allen!

Peer: Um mich, den Verfemten, um mich, den sie hassen,
Um mich konntest alle du wirklich verlassen?

Solveig: Daß ich hier bin, sieh, das muß schon so sein,
Hier oben bei dir bin ich wirklich daheim!

Peer: Für immer, Solveig, fürs ganze Leben?

Solveig: Für mich kann's keine Umkehr geben.

Peer: So halt ich dich fest! Dies Haus sei geweiht
Durch dich! Komm herein! Jetzt bin ich gefeit
Gegen Spuk, Troll, Alb und schlimme Gedanken,
Gegen Furcht, Trotz, Angst und Irren und
[Schwanken.
Komm herein, Solveig! Ich bin ja so stolz!
Ich lauf nur noch rasch, hol für's Herdfeuer Holz!

Solveig geht in die Hütte. Peer sieht ihr nach.

Peer: Dem Himmel sei Dank, der Tag war gesegnet!
Ein Wunder, ein Wunder ist mir begegnet!

Von Peer unbemerkt tritt die Rothaarige, häßlich wie anfangs, mit einem ebenso häßlichen Jungen aus dem Gebüsch. Dieser trägt eine Flasche

Rothaarige: Ein Wunder, ein Wunder!

Peer: Was gibt's, wer da?

Rothaarige: Da wären wir wieder, du freust dich doch, ja?

Peer: Zum Teufel mit dir!

Rothaarige: Das könnt dir so passen!
Wir sind kopuliert, ich laß mich nicht chassen!

Der Junge: Bonsoir, Papa!

Peer: Du bist wohl besoffen!

Rothaarige: Gib Vater zu trinken, der Mund steht ihm offen!

Peer: Was soll das?

Rothaarige: Erkennst du ihn wirklich nicht?
Ist so lahm wie dein Sinn!

Peer: Dies Affengesicht,
Dieser Dreck, dieser Spuk, dies lange Gestell!

Rothaarige: Bei uns, da wachsen die Kinderlein schnell!

Peer: Geh fort!

Rothaarige: Hast wohl Angst wegen der da drinnen?
Ich mach mir nichts draus, kannst uns beide minnen!
Wir schnäbeln dann lustig um die Wette,
Wir liegen dann alle im gleichen Bette!
Uns kriegst du nicht los, wir sind halt so frei,
Wir kommen bald wieder, sind immer dabei!

Beide ab.

Peer: Gib's auf! Hier hilft kein Riegel, kein Schloß,
Versperrst du dein Haus, du bist's doch nicht los!
Die stehn dann draußen, die schiefen Fratzen,
Und winseln und scharren und schaben und kratzen
An Fenstern und Türen, an Brettern und Planken.
Sind doch im Haus und in jedem Gedanken!
Sich verbergen und schweigen, zur Seite blicken
Und lügen und reden, ausweichen, sich bücken,
Ich kann's nicht, geh fort!

Der Alte, die Rothaarige: hinter der Szene
Wenn das Gras in Saft und Blüte steht,
Sieht es aus, als würd es nie gemäht.
Ach, wie bald ist doch dahingemäht,
Alles, was in Saft und Blüte steht!

Solveig: erscheint auf der Schwelle Peer, kommst du bald?

Peer: Noch nicht, muß erst fort, hab noch Arbeit im Wald!

Solveig: Kann ich helfen?

Peer: Nein, bleib nur, ich will mich beeilen!

Solveig: **Wir wollten doch alles immer jetzt teilen!**

Peer: **Muß sie selbst schon tun, die Arbeit, die harte.**

Solveig: **So bleib nicht zu lang, ich warte — warte!**

Peer ab; Solveig bleibt unter der Tür stehn und blickt ihm nach, bis die Sonne ganz untergegangen ist.

Vorhang

ZWEITER AKT

Fünftes Bild

Kai einer mittelamerikanischen Hafenstadt

Im Hafen liegt ein großer, prunkvoller Schaufelraddampfer, der nahezu den ganzen Hintergrund der Bühne ausfüllt. Am Bug trägt er den Namen Peer Gynt. Rechts vorne ein Gasthof mit Terrasse. Gedeckte Tafel. Peer Gynt, elegant gekleidet, sitzt als Gastgeber der drei Kaufleute an der Tafel. Die Kaufleute stellen den Typus des gewissenlosen Geldmenschen und bedenkenlosen Spekulanten dar.

Peer Gynt / Drei Kaufleute / Der Präsident der Republik / Ein Kellner / Schiffsbesatzung

Peer: Prost Freunde!

Die drei Kaufleute: Es lebe Peer Gynt!

Peer: Das Leben lebe!

Vor fünfzehn Jahren hat's mich ausgespuckt,
Und angespült ward ich an diesen Strand,
Ganz arm, ganz nackt, ganz elend und ganz bloß,
Sodaß ich bald bekannt war und vertraut
Mit hartem Mangel, Fehlschlag und Verlust!
Das Leben lebe, das mir keinen Freund
Damals geschenkt, niemand, der Rat, der Trost
Dem gab, der zwischen Hoffen und Verzicht
Und Eifer und Ermattung schwankend trieb.
Das Leben lebe, das mich hart gelehrt:
Die Welt regiert nicht Mitleid, nur die Tat!

Die drei Kaufleute:

Sehr gut gesagt, bravo! So ist's im Leben,
Dem Schwachen nicht, dem Starken wird's gegeben!
Und wer nicht selber tritt, der wird getreten,
Da hilft kein Jammern, Winseln, Bitten, Beten!

Peer: Nach zwei, drei Jahren war ich schon so weit,
Daß mir mein Wissen gold'ne Früchte trug.
Nur das Prinzip entscheidet jede Schlacht!

Die drei Kaufleute:
Doch sagt, wie habt Ihr's im Detail gemacht?

Ein Kellner: Sir Gynt, der Präsident der Republik!

Peer: Entschuldigt mich für einen Augenblick!

Der Präsident, ein würdiger alter Herr mit langem Bart, kommt ohne jede Begleitung in einer goldstrotzenden Phantasieuniform und geht mit besorgter Miene auf Peer zu.

Der Präsident:
Es tut mir leid, daß ich Euch stören muß.
Ihr habt da tausend Kisten Gold an Bord,
Ihr könnt nicht fort damit; — 's gibt ein Gesetz!

Peer: Wieviele Kinder habt Ihr?

Der Präsident: Siebenundzwanzig.

Peer: Und wieviel Neffen wohl?

Der Präsident: An fünfundsiebzig.

Peer: Und Vettern, Basen?

Der Präsident: Ach, du lieber Gott!

Peer: So nehmt zehntausend!

Zieht ein Scheckbuch.

Der Präsident: Bestechlich bin ich nicht!

Peer: Nehmt hunderttausend dann!

Gibt ihm den Scheck.

Der Präsident: Doch gern bereit,
Ein offenbar veraltetes Gesetz
Zu Fall zu bringen!

Peer: Gut, wir sehn uns noch. Präsident ab

Peer begibt sich wieder zur Tafel.

Die drei: Erzählt uns, bitte, mehr von Eurem Leben!
Den Kleinen ziemt's, den Großen nachzustreben.
Besonders interessiert uns das Detail,
Das Wie und Wo und das Warum und Weil.

Peer: Vor kaum zehn Jahren fing ich Handel an
Mit Bibeln, klein gedruckt in dreißig Sprachen
Und Dialekten, fuhr dann redlich fort,
Kattun gleich mitzuliefern, Glas und Schnaps,
Weil oft der armen Heiden blöder Sinn
Sich rascher öffnet so dem Christentum.
Doch sperrt verstockt und blind sich je ein Volk
Gesittung anzunehmen und Kultur,
So blüht mein Weizen auch und mehr denn je,
Denn Waffen sind gefragt in diesem Fall.

Die drei: Bravo, Ihr kombiniert als Denker, trefft
Mit einem Schlag stets Fortschritt und Geschäft
Erlaubt ein Manneswort, wir sind solvent,
Reell, solid fundiert, man kennt uns gut;
Wie denkt Ihr, wär's für dies und jenes Mal
Zu fusionieren Kraft und Kapital?

Peer: Mein Plan gestattet's nicht, es tut mir leid!
Verkauf und Kauf, Markt, Kalkulation
Und Kurs und Börse, satt hab ich's bis hier.
Mich lockt ein größres Spiel!

Die drei: Doch sagt, wohin,
Wohin mit Eurem Geld? Ihr habt ein Ziel!
Doch welches?

Peer: Kaiser werden!

Die drei: Kaiser? Wie?

Peer: Ja, Kaiser, Herr der Welt! — Ganz unter uns:
Geheime Nachricht, doch verbürgt, erzählt,
Die Griechen stünden auf!

Die drei: Bravo, als Held,
Versteht wir's recht, zieht Ihr mit Eurem Geld
Für Hellas Freiheit in den Kampf!

Peer: O nein,
Ich helf den Türken, helf den Schwachen nicht!
Denn so allein ist's ausgemacht und klar,
Wird kurz der Krieg, die Ärmsten leiden nicht
Zu viel! Good by! ab

Der erste: Der Schweinekerl, der Schuft!
Ich protestiere!

Der zweite: Heikel ist der Fall.

Der erste: Doch geht's um Freiheit hier, Recht und Moral!

Der dritte: Meist hilft ein tüchtiges fait accompli
Viel mehr als Worte!

Der erste: Sicher!

Der zweite: Aber wie?

Der erste: Ich hab's: Das Schiff wird stracks mitsamt dem Gold
Schlicht annektiert!

Der dritte: Von dir?

Der erste: Sagt, was ihr wollt,
Ich mach's!

Der zweite: 's ist Diebstahl!

Der erste: Narr!

Der dritte: Betrug!

Der erste: Kommt mit!
Freiheit für Hellas!

Der zweite und dritte: Und für uns?

Der erste: Profit!

Auf allen Aufbauten des Schiffes wird plötzlich Besatzung sichtbar. Die Matrosen erinnern in ihrem Aussehen stark an die Trolle. Die drei Kaufleute begeben sich rasch aufs Schiff. Jeder versucht zuerst oben zu sein

Die drei und die Besatzung:
Die Welt regiert nicht Mitleid, nur die Tat.
Da hilft kein Jammern, Bitten, Beten.
Wer selbst nicht tritt, der wird getreten!
Und wer gewinnt, hat recht; wer hat, der hat!

Das Schiff fährt ab. Peer kommt aus dem Gasthaus.

Peer: Bin ich verrückt, blind, träum ich? Fort mein Schiff!
Die Räuber, Schurken, Herr, bestraf sie hart!
Ersaufen laß sie, falsch das Steuer führen,
Die Kessel überhitzen, hilf mir, Herr!

Das Schiff erscheint auf hoher See. Peer wirft sich auf die Knie.

Besitz ist heilig, seit die Welt besteht!
Allmächtiger, Du bist gerecht, Du strafst,
Du hilfst barmherzig, nimmst Dich meiner an!

Stimmen hinter der Szene:
Die Welt regiert nicht Mitleid, nur die Tat,
Und wer gewinnt, hat recht; wer hat, der hat!

Peer: Er hört nicht, wie gewöhnlich! Er ist taub!
Das Schiff explodiert.
Das war Sein starker Arm, war Sein Gericht!
Fürwahr, der Herr verläßt die Seinen nicht!

Der Präsident: tritt rasch auf
Sieg, Sir! Das Parlament gab Euer Gold
Jetzt frei! Und reisen könnt Ihr, wann Ihr wollt!

Vorhang

Sechstes Bild

Hafenschenke in Mittelamerika

Peer / Eine Tänzerin (die Rothaarige) / Ein Wirt (der Alte) / Ein Neger / Ein Matrose / Matrosen, Neger, Dirnen

Im Hintergrund eine Bar, an welcher der Wirt — er trägt die Züge des Alten — bedient. An den Tischen Matrosen, Neger, Dirnen, im Vordergrund allein an einem Tisch Peer Gynt im Kostüm des letzten Bildes, doch nicht mehr ganz so sorgfältig gekleidet. Auf einem freien Platz in der Mitte tanzt die Tänzerin — sie trägt die Züge der Rothaarigen in ihrer schönen Gestalt — einen aufreizenden, lasziven Tanz. Alle starren sie regungslos an, die Männer voller Begierde. In der zweiten Hälfte des Tanzes erheben sich zwei Männer, ein Neger und ein Matrose (Tänzer), die die Tänzerin wild umwerben und sich gleichzeitig in Eifersucht verfolgen. Endlich schlägt der Neger den Matrosen nieder. Alle bleiben starr und unbeweglich wie unter einem Zwang. Die Tänzerin streckt mit einer fordernden Bewegung die Hand gegen den Neger aus. Er gibt ihr alles, was er hat. Darauf weist die Tänzerin auf den am Boden liegenden Matrosen. Der Neger leert ihm die Taschen und kriecht wie ein Hund zu der Tänzerin hin, um ihr seine Beute zu geben. Sie nimmt sie triumphierend an sich. In dem Augenblick aber, in dem der Neger auf sie zuspringt, macht sie eine deutlich abwehrende Bewegung; der Wirt schreit gleichzeitig auf, der Bann ist gebrochen.

Der Wirt: Hängt ihn doch auf! Schlagt ihm den Schädel ein!
Unter Tumult und Geschrei wird der Neger gepackt und hinausgezerrt; einige schleifen den Matrosen hinaus. Einzig Peer Gynt bleibt unbewegt an seinem Platz und hat nur Augen für die Tänzerin. In der Kneipe bleiben zurück der Wirt, die Tänzerin und Peer.

Tänzerin: Mein Herr, verzeiht, wie spät mag's sein?

Peer: 's ist spät.
Doch nie zu spät zur Liebe!

Tänzerin: Sieh mal an!

Peer: Und wenn du morgen frägst: Was ist die Zeit?
So sag ich auch: Zu lieben dich 's ist Zeit.

Tänzerin: Und übermorgen?

Peer: Auch!

Tänzerin: Und nächstes Jahr?

Peer: Genau so!

Tänzerin: Immer?

Peer: Ja!

Tänzerin: Ihr scherzt nicht?

Peer: Nein.

Tänzerin: Du kleines Schüftchen, du, gib mir den Ring,
Sonst glaub ich's nicht!

Peer: Hier, nimm!

Tänzerin: Schon oft, gesteh's,
Hast du's gesagt: Zu lieben dich ist's Zeit,
Heut, morgen, übermorgen, nächstes Jahr
Und immer!

Peer: Nie!

Tänzerin: Zu keiner?

Peer: Nein, bei Gott!

Tänzerin: Knie nieder, Liebling, denk ein wenig nach,
Noch nie hast du's verschworen und gelobt?

Peer: Ich müßt's doch wissen!

Tänzerin: Steh auf, dein Wort!

Peer: Mein Wort!

Tänzerin: Du hättest nie geliebt, kein Weib
Betört, verlockt, verführt? Gib mir den Stein
Ja, den! Sonst glaub ich's nicht!

Peer: So nimm und glaub!
Was früher war, ist nicht der Rede wert,
Unreife Kinderei und blöder Traum
Und Knabensehnsucht war's und weiter nichts!

Tänzerin: Nichts weiter?

Peer: Nichts!

Draußen kräht ein Hahn.

Doch jetzt hab ich erkannt
Durch dich der Liebe Sinn, ganz aus mir selbst
Zu fliehn, vergessend, was ich war und bin!

Sie trinken sich zu.

Der Wirt: für sich
Nicht dreimal, einmal hat der Hahn gekräht,
Bis daß ein rechter Mann sein Weib verrät.
Ich geh, ich geh, ich weiß was sich gehört;
Die Sache macht sich und der dritte stört! ab

Unterdessen hat Peer versucht sich der Tänzerin zärtlich zu nähern Teils läßt sie ihn gewähren, teils wehrt sie ihn ab.

Tänzerin: Nur nicht so stürmisch, kleiner Liebling, denn
Zur Liebe siehst du mich erst dann bereit,
Wenn du mich liebst als deine Kaiserin!

Peer: Gern als dein Kaiser!

Tänzerin: Nein, mein Knecht!

Peer: Dein Knecht!

Tänzerin: Der mir die Schuhe löst.

Peer: Und bindet!

Tänzerin: Ja!

Peer: Und auch dein Miederchen!

Tänzerin: Nun, je nachdem!
Und mir mein Sonnenschirmchen trägt!

Peer: Auch das!

Tänzerin: Und wenn ich ruhe, mir die Fliegen scheucht!

Peer: Und scheucht und fängt und alles, was du willst!

Tänzerin: Und wenn ich sage: Komm! Dann kommst du?

Peer: Ja!

Tänzerin: Und wenn ich sage: Geh!

Peer: Dann geh ich!

Tänzerin: Gut!
Du schenkst mir alles, was mein Herz begehrt?

Peer: Wonach du Lust hast, alles!

Tänzerin: Kleider, Schmuck?

Peer: Und Pferd und Wagen auch!

Tänzerin: Du süßer Mann,
Dich bet ich an!

Sie fallen sich in die Arme und finden sich in einem lange währenden Kuß.

Doch wie, wenn einmal mich
Die Langeweile plagt, was tun wir dann?

Peer: Dann sing ich dir was vor zum Zeitvertreib.

Tänzerin: Wie himmlisch! Sing doch gleich! So sing doch schon
Und tanz!

Peer: Ich such nur erst den rechten Ton!

Er nimmt ein Instrument und begleitet sich selbst zum Gesang und zum Tanz. Er macht sich ungemein lächerlich.

Dein Hähnchen bin ich, dein glückseliges!
Pick mich, du kleine Henne!
Ei sieh, wie gern ich renne!
Dein Hähnchen bin ich, dein glückseliges!

Tänzerin: Genug, ganz nett; für heute gute Nacht!
Jetzt bin ich müde.

Peer: Schon?

Tänzerin: Und geh ins Bett.
Doch gibst du sicher gern, mein kleiner Held,
Fürs erste gleich mir etwas Taschengeld!

Peer gibt ihr seine Börse.

Peer: Hier nimm, 's ist alles, was ich hab!

Tänzerin: Du Tropf,
Was sagst du? Alles?

Peer: Alles, ja!

Tänzerin: Im Ernst?

Peer: So wahr ich lebe!

Tänzerin: Was! Betrug, Betrug!

Sie gibt ihm eine Ohrfeige.

Hier nimm, was dir gehört! Leb ewig wohl.
Doch ohne mich, du Schuft, ich hab genug! ab

Peer: Weh mir, weh!

Peer sinkt mit dem Kopf auf den Tisch.

Der Hintergrund öffnet sich, es folgt eine Pantomime, welche eine Vision Peers darstellt. Der Schauplatz erinnert an eine Manege, die von hohen Raubtiergittern umgeben ist. Die Tänzerin, nunmehr im Cancan-Kostüm treibt, wie eine Dompteuse ihre Raubtiergruppe, fünf Männchen im klassischen Kostüm des Arlecchino, des Pagliaccio, des Gracioso, des Hanswurst und des Clown herein. Sie führt ein Programm von Dressuren vor, wobei jeder einzelne versucht den anderen an Eifer und Fügsamkeit zu übertreffen, um so die Aufmerksamkeit der Herrin auf sich zu lenken und ihr Wohlgefallen zu erringen. Gegen Ende des Programms tritt eine Truppe von Cancan-Tänzerinnen auf, welche vorerst im Hintergrund tanzend einen Halbkreis bildet und durch ihre Gegenwart die Dressurgruppe zu immer tolleren Leistungen hinreißt. Während die fünf auf Postaments eine schwierige Figur stellen, tanzt die Cancan-Gruppe an der Rampe der Tanzbühne ein tolles Finale. Die Vision verschwindet; allmählich wird die Rückwand der Kneipe wieder sichtbar.

Peer: Jawohl, Betrug, Betrug! Ich hab genug.

Vorhang

DRITTER AKT

Siebentes Bild

Ein niedergebrannter Wald in Peers Heimat

Verkohlte Stämme in phantastischen Formen, dazwischen ziehen Nebelfetzen. Im Hintergrund Gebirge.

Drei schwarze Vögel / Ein Unbekannter / Peer Gynt

Vom Vordergrund der Bühne führen drei Wege zu je einem Vogel. Die Vögel sind schwarz gekleidete weibliche Gestalten mit starr geschminkten schönen Gesichtern, von großen schwarzen Vogelmasken wie von Helmen umrahmt.

Die drei Vögel:

Bei allem Kämpfen, Streben, Hoffen
Bleibt doch zuletzt die Frage offen:
Wo liegt das Ziel? Und wer hat recht?
Und was ist gut? Und was ist schlecht?
Der Mensch lebt leider und vergeht
Rasch, ohne daß er's recht versteht.

Wo liegt das Ziel? Und welcher Krieg
Fiel glücklich aus? Für wen? Für dich?
Für uns? Für ihn? Und welcher Sieg
War wirklich unabänderlich?
Der Mensch lebt leider und vergeht
Rasch, ohne daß er's recht versteht.

Dumm, kalt und arm liegt er im Grab,
Das nie der Frage Antwort gab:
Wo liegt das Ziel? Und wer hat recht?
Und was ist gut? Und was ist schlecht?
Der Mensch lebt leider und vergeht
Rasch, ohne daß er's recht versteht.

Peer, ein kräftiger wettergebräunter Mann von etwa fünfundvierzig Jahren, sucht den Weg; die Vögel werden undeutlich.

Peer: Der Nebel täuscht mich nicht und nicht das Bild
Blindwütiger Zerstörung, denn ich weiß:
Hier war der Weg. Man sieht den Fölgefirn
Von hier, den Ronden nicht, doch dort
Den Halling wohl! Der Weg war hier!

Peer geht, ohne es zu wissen, gerade auf den ersten Vogel zu.

Erster Vogel: wieder deutlich sichtbar Ach, Peer,
Du hier? Mir scheint, mir scheint, du weißt
Nicht recht im Augenblick, wie's weitergeht!
So steig doch in die Luft, du weißt, so schnell
Wie kein Gedanke, wie kein Blitz!

Peer: Geh weg,
Den Weg gib frei!

Erster Vogel: Du irrst! Hier ist kein Weg!

Der erste Vogel verschwindet; man sieht, daß der Weg zu Ende ist. Peer geht genau auf den zweiten zu, dessen Erscheinung in dem Augenblick deutlich wird, in dem Peer ihn erreicht hat.

Peer: Dann ist er hier!

Zweiter Vogel: Ach, Peer, erzähl, wie war's
In Engelland? Hat dich der König selbst
Empfangen dort?

Peer: Geh weg, den Weg gib frei!

Zweiter Vogel:
Du irrst! Hier ist kein Weg.

Der zweite Vogel verschwindet, auch hier ist der Weg zu Ende. Peer geht auf den dritten zu, dessen Erscheinung ebenfalls in dem Augenblick deutlich wird, in dem Peer ihn erreicht hat.

Peer: Dann ist er hier!

Der dritte Vogel:
Wo ist dein Szepter, Peer? Die Krone, wo?
Und wo der Hermelin und wo dein Volk?
Wer tritt sich auf die Zeh'n?
Wer gafft sich dumm und blind
Und rennt, um dich zu sehn?
Und ruft laut übers Feld:
Es lebe der Kaiser der Welt,
Es lebe Peer Gynt?

Peer: Laß mich in Frieden!

Auch der dritte Vogel verschwindet; an derselben Stelle steht plötzlich ein schwarzgekleideter Unbekannter mit kalkweißem Gesicht. Seine Kleidung ist die ortsübliche.

Der Unbekannte:
Guten Tag!

Peer: Wer seid Ihr und was gibt's?

Der Unbekannte: Nun der und der
Und dies und das!

Peer: Was fehlt Euch? Seid Ihr krank?
Ihr seid so blaß.

Der Unbekannte: O nein, mir geht's recht gut.
Ich bin zufrieden, Gott sei Dank! Bis auf
Das Wetter!

Peer: Heute geht's, doch gestern!

Der Unbekannte: Was?
Da war's doch wunderbar!

Peer: Was sagt Ihr da?
An zwanzig brave Fischer kamen um
Bei diesem Sturm!

Der Unbekannte: Nun eben drum! Wer hat,
Der hat! Denkt an die Fische, die sind satt!

Peer: Lebt wohl, so gut Ihr's könnt! Ich geh!

Der Unbekannte: Ihr bleibt!

Peer: Was wollt Ihr noch?

Der Unbekannte: Nur Euren Leichnam, Herr,
Sonst nichts!

Peer: Seid Ihr verrückt, was fordert Ihr?

Der Unbekannte:
Nur den Kadaver, Euren Leichnam, Herr,
Denn tot ist der, dem nichts mehr bleibt zu tun!

Peer: Viel bleibt mir noch zu tun, ja alles! Wenn
Man's recht bedenkt, steh ich am Anfang erst,
Und nicht am End!

Der Unbekannte: Was bleibt Euch noch zu tun?

Peer: Ich will zur Mutter! Ohne Wort und Gruß
Und ohne Abschied ging ich fort!

Der Unbekannte: Zu spät!
Längst ist sie tot!

Peer: Gott hab sie selig! Tot!
Zu spät!

Der Unbekannte: Was noch bleibt Euch zu tun?

Peer: Anspruch
Und Recht hab ich auf meinen Hof!

Der Unbekannte: Zu spät!
Versteigert ward der Hof, als Nachricht kam,
Sie hätten Euch in Kalifornien,
Wo Ihr nach Gold geschürft — nicht ohne Grund —
Verurteilt und gehenkt! Ihr seid für tot
Erklärt in aller Form. Euch gibt's nicht mehr!

Peer: Was soll ich tun? So helft mir doch!

Der Unbekannte: Ich bin
Kein Unmensch, wenn Ihr Euch besinnt und sucht
Und findet etwas, was noch ungetan
Und was Ihr unbedingt noch ordnen müßt,
Dann steh ich gern zurück! Vielleicht,
Besinnt Euch gut, fällt Euch noch jemand ein,
Den Ihr vergessen habt und der vielleicht
Trotzdem noch auf Euch wartet!

Peer: Helft mir, ja!
Ach, nimmer kehrt sich's um: Nur dort,
O Angst und Not! Dort war mein Kaisertum!

Der Unbekannte:
Kommt mit, ich führ Euch! Kommt nur, kommt!

Der Unbekannte faßt Peer an der Hand und führt ihn abwärts. Es muß der Anschein erweckt werden, als ob die beiden tief ins Erdinnere hinabstiegen.

Peer: Warum
Führt Ihr mich abwärts?

Der Unbekannte: Kommt, Ihr werdet sehn!
So kommt doch!

Peer: Müßten wir nicht ... aufwärts gehn?

Während der Zwischenmusik steigen die beiden immer tiefer hinunter, bis sie den Saal im Berg des Alten erreicht haben.

Achtes Bild

Saal im Berg des Alten

Der Saal bietet einen düsteren und sonderbar feierlichen Anblick. Er ist mit qualmenden Fackeln erleuchtet. Im Hintergrund wieder die lange Tafel mit dem Alten in der Mitte und den Würdenträgern rechts und links. Auf der einen Seite eine Art Zeugenbank mit dem eng zusammengedrängten Häufchen der schwarzgekleideten Zeugen. Ihre Erscheinung hat etwas Unwirkliches an sich. Die Masse der Trolle ist diesmal in engen Haufen zusammengedrängt. Sie bewegen sich nicht.

Der Alte / Die Rothaarige / Ein Hoftroll / Sechs Würdenträger am Trollhof / Viele Trolle / Aase / Mads / Ingrid / Die drei Kaufleute / Peer / Der Unbekannte

Peer: Weh mir, Verrat!

Der Alte: Es rührt uns wirklich tief,
Dich hier zu sehn, nach allzu langer Zeit
Ins wahre, ins geheime Vaterland
Zurückgekehrt und also übermannt
Von freudiger Bewegung, daß kein Wort
Entfliehen kann dem stummgewordnen Mund!

Peer: Ach, laßt mich fort!

Der Unbekannte: Ihr bleibt!

Der Alte: Du wirst noch heut
Gekrönt!

Peer: Ich will nicht!

Der Unbekannte: Schweigt!

Der Alte: Denn keiner schien
Uns würdiger zu sein als du! Beginnt!

Ein Hoftroll: Damit der Zweifel nie sein Haupt erhebt,
Ob du der rechte Herr in Wahrheit bist

Für unser Reich, sind Zeugen herbestellt
Für deine Tüchtigkeit! Steht auf und sprecht!

Mads: Ich war im Leben wie ein Kind
So ungeschickt und dumm und blind.
Zu rauben Glück mir, Lieb und Ehr,
Fiel deshalb dir nicht allzu schwer.

Ingrid: Ich hab so sehr auf dich vertraut,
An dich geglaubt, auf dich gebaut.
Es fiel dir leicht mich zu belügen,
Mich zu verführen, zu betrügen.

Die drei Kaufleute:
Wir haben's selbst von dir vernommen,
Kurz, eh wir elend umgekommen:
Du hast die Schwachen stets geschlagen
Und mit den Starken dich vertragen.

Aase: Ich war zu gut zu ihm als Kind,
So wie halt Mütter meistens sind.
Wenn manches auch nicht für ihn spricht,
Schlecht, glaubt mir's doch, schlecht war er nicht!
Die Arbeit tat ich gern allein —

Der Alte: Er half dir niemals, wie?

Aase: Ach nein,
Das nicht!

Der Alte: Er kam und nahm, nicht wahr?

Aase: Ach ja, so ging's wohl Jahr um Jahr.

Der Alte: Und dann auf einmal war er fort?

Aase: Ganz ohne Gruß, ganz ohne Wort
Und Abschied konnt er von mir gehn!
Ich kann's bis heute nicht verstehn!

Peer: O Jammer, Drangsal, Angst und Not,
Helft mir, verzeiht! Was ich auch tat,
Es war verfehlt, weiß keinen Rat.
Verzeiht mir, helft! Ach, wär ich tot!

Die Zeugen und der Unbekannte:
Kein Mensch, kein Gott macht ungeschehn
In Ewigkeit, was einmal war.
Die Zeit vergeht wohl Jahr um Jahr,
Doch bleibt, was einmal war, bestehn.

Die Trolle: Vollendet hat sich sein Geschick,
Er wird uns nimmermehr entfliehn.
Es ist geglückt, wir haben ihn,
Er kann nur vorwärts, nicht zurück!

Der Alte: Salbt ihn an Hand und Haupt mit Schmutz
Und Kot!

Aase: O haltet ein! Wenn irgendwo
Auf Gottes weiter Welt ein Mensch nur lebt,
Der Zeugnis geben könnte, daß mein Sohn
Nur Gutes ihm getan und Böses nicht?

Rothaarige: So schweig doch, schweig! Denn diese Möglichkeit
Sie darf nicht sein und deshalb ist sie nicht!

Aase: Von Herzen bitt ich euch, gebt ihm noch Zeit!
Ein Jahr vielleicht! Erbarmt euch!

Der Hoftroll: liest aus einem dicken Folianten vor Das Gesetz
Befiehlt, im Fall ein Zweifel an der Würdigkeit
Des Prätendenten auftritt, sei er noch so vag:
Sofortige Vertagung, bis der Fall
Restlos geklärt!

Der Alte: Du kannst jetzt gehn, Peer Gynt!
Auf Wiedersehn!

Der Unbekannte: Es ist die letzte Frist,
Die Euch im Leben noch gegeben ist!

Peer: Verzweiflung, Hoffnung nicht, erfüllt mein Herz,
Nur taube Reue, unfruchtbarer Schmerz!
Die Hölle den Verdammten nur entläßt
Den Kelch zu leeren bis zum bittren Rest.

Peer und der Unbekannte ab. Die Zeugen sind verschwunden.

Der Alte und die Trolle:

Wo nichts ist, hat noch keiner was gefunden,
Und wer zuletzt lacht, der lacht immer gut!
Ja, übers Jahr, da kommt er, bis aufs Blut —
Zu uns zurück — gepeinigt und geschunden!
Der kommt zu uns gepeinigt und geschunden
Wohl übers Jahr zurück ganz ohne Mut!
Wo nichts ist, hat noch keiner was gefunden,
Und wer zuletzt lacht, der lacht immer gut!

Vorhang

Neuntes Bild

Die Waldlichtung mit Peers Blockhütte

Peer / Der Unbekannte / Solveig / Stimmen hinter der Szene

Solveig, eine blühende Frau etwa Mitte der Dreißig, singt vor der Hütte sitzend; Peer und der Unbekannte stehen auf der Lichtung.

Solveig: Ich warte und ich weiß, wärst du auch fern,
Und du und ich getrennt wie Stern von Stern,
Nach langer Irrfahrt kehrst du dennoch heim,
Wir können nimmermehr geschieden sein.
Gesegnet sei der Becher, den du leerst,
Gesegnet sei das Meer, das du befährst,
Gesegnet sei dein Weg, dein Stab und Schuh,
Gesegnet sei dein Schlaf und deine Ruh!

Peer: Was singt sie? Hörst du den Gesang? Mir ist
So bang, kann nichts und nichts verstehn!

Der Unbekannte: Sie singt:
Es sei verflucht der Becher, den du leerst,
Es sei verflucht das Meer, das du befährst,
Es sei verflucht dein Weg, dein Stab und Schuh,
Dreimal verflucht dein Schlaf und deine Ruh!

Peer: Welch bittre Heimkehr nach so bitterm Weg!

Der Unbekannte: versucht ihn wegzuziehn
Gib's auf!

Peer: Laß mich!

Der Unbekannte: Bestell dein Haus!

Peer: Hier ist's!

Der Unbekannte:
Versäume nicht die Zeit, die dir noch bleibt!
Denn niemals findest du das Zeugnis hier,
Das dich allein befreit!

Peer: Nicht such ich's mehr!

Der Unbekannte:
Flieh doch die Qual!

Peer: Ich segne sie!

Der Unbekannte: Und geh!

Peer: Ich bleibe hier, versäum ich auch die Frist!
Erwarte mein Gericht vor dieser Tür.

Stimmen: Rasch wechselnd ist das Glück in jedem Krieg,
Doch endet unabänderlich ein solcher Sieg
Den ganzen Kampf!

Unterdessen ist der Unbekannte verschwunden. Solveig erhebt sich, Peer wendet sich zu ihr.

Peer: Ein Sünder steht vor dir!

Solveig wankt und tritt einen Schritt zurück.

Peer: So bleib doch, bleib! Schrei mein Verbrechen aus!

Solveig: 's ist nur die Freude, Peer! Gelobt sei Gott,
Du kamst nach Haus!

Peer: Sprich doch mein Urteil, sprich!

Solveig: Mein Leben ward ein selig Lied durch dich!

Peer: Ich bin verloren!

Solveig: Sei gesegnet, Peer!

Peer: Der Segnung unwert bin ich, löst du nicht
Das Rätsel unauflösbar, wo ich war!

Solveig: Versteh's nicht ganz!

Peer: Wo war Peer Gynt,
Umstrahlt von Gottes Glanz und auf der Stirn
Mit der Bestimmung Mal, wohl all die Zeit?

Solveig: Er war nicht weit, dein Rätsel zu verstehn
Wird mir nicht schwer!

Peer: Muß ewig untergehn,
Löst Du's nicht auf!

Solveig: Die ganze lange Zeit
Warst immer du in meinem Glauben hier,
In meinem Hoffen, Lieben stets bei mir!

Peer: Solveig, du sprichst mich los! Du schenkst mir Ruh!
So birg mich ganz in deiner Seele, du!

Peer kniet vor Solveig und birgt den Kopf in ihre Hände.

Solveig: Schlaf nun und ruh dich aus, du Mann und Kind!
Vergiß die harte Fahrt in fremdes Land,
Schlaf und vergiß auch Meer und Sturm und Wind
Und leg die müde Stirn in meine Hand!

Vergiß das Meer, den Sturm, das fremde Land;
Du bist so müd, schlaf nun, ruh dich nur aus
Und leg die müde Stirn in meine Hand;
Ich hüte deine Ruh, du bist zu Haus!

ENDE